PELUCHES ET VELOURS

J.-B. MARTIN

TARARE,
ROANNE, METZ, PONT-A-MOUSSON, MEYZIEU,
PARIS ET LYON

Exposé ; — Organisation ; — Développements depuis 1867.

LYON
IMPRIMERIE ALF. LOUIS PERRIN & MARINET
Rue d'Amboise, 6
—
1873

J.-B. MARTIN

A TARARE

UNE DES MANUFACTURES DE TARARE (Rhone)

TISSAGE   (Le *Vert-Galant*.)   MOULINAGE

PELUCHES ET VELOURS

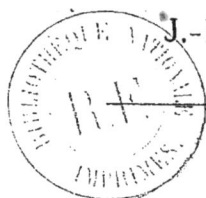

J.-B. MARTIN

TARARE,

ROANNE, METZ, PONT-A-MOUSSON, MEYZIEU,

PARIS ет LYON

Exposé ; — Organisation ; — Développements depuis 1867.

LYON

IMPRIMERIE ALF. LOUIS PERRIN & MARINET

Rue d'Amboise, 6

1873

7

J.-B. MARTIN

TARARE (Rhône)

———

EXPOSÉ

LA Maison J.-B. Martin date de 1843.
Elle produit : la *Peluche noire pour chapeaux d'hommes ;* — la *Peluche couleur ;* — le *Velours mécanique, noir et de couleur ;* — le *Velours au fer, noir et de couleur.*

Elle fait, en outre, pour elle-même, et aussi pour le commerce, les *Soies ouvrées* (organsins) et les *Teintures en noir fin* de soies destinées aux qualités supérieures de taffetas, moires, failles, rubans, etc.

Ses établissements sont :

à TARARE (Rhône). . . . . Moulinage; — quatre manufactures de tissage ; — Atelier de construction.

à ROANNE (Loire) . . . . Teinturerie.
à METZ . . . . Tissage sur métiers disséminés.
à PONT-A-MOUSSON (Meurthe-et-Mos.) Manufacture de tissage.
à MEYZIEU (Isère) . . . . Tissage sur métiers disséminés.
à PARIS et à LYON . . . . Maisons de vente.

Ses conditions sont :

3,500 ouvriers ;
1,300 métiers, dont 700 tissant deux pièces à la fois ;
2,000 tavelles pour le moulinage de la soie ;
18,000 broches   —   —
2,000 broches pour le dévidage et le cannetage du coton ;
40,000 kilogrammes, ou 5 millions de francs, en soie employée ;
4,000 kilogrammes, ou 500,000 francs de cotons employés (filés et retors);
4,000 mètres d'étoffe produits *par jour ;*
7 millions d'affaires (recettes nettes) ;
Exportation en tous pays : Angleterre, Amérique, Espagne, Italie, etc.

En récompenses, je ne cite que celles aux Expositions internationales :

1844, Paris, Médaille de bronze.
1849, — Médaille d'or.
1851, Londres, Prize-medal.
1855, Paris, Grande médaille d'honneur.—Croix de la Légion d'honneur.
1862, Londres, Grande médaille.
1867, Paris, Deux médailles d'argent. — Croix de la Légion d'honneur.

(A la fin de cette Notice sont les rapports des Jurys.)

Le rapide accroissement et la supériorité de la Maison MARTIN tiennent à deux causes principales :

L'invention du *Métier à double pièce ;*
La supériorité du moulinage et de la teinture.

M. J.-B. MARTIN tissait sur le métier quand, en 1832, il eut l'idée de fabriquer deux pièces à la fois, en toute *étoffe à poil* (peluche ou velours).

Ce fut toute une révolution dans la fabrication des peluches et des velours légers (façon Crefeld), qui jusque-là se tissaient presque exclusivement, dans la Prusse rhénane, sur des métiers disséminés.

Au lieu de 80 centimètres, le métier J.-B. MARTIN produisait 5 à 6 mètres par jour.

Ce nouveau et rapide tissage ne s'établit pas sans difficulté. Il nécessita dans toutes les opérations préparatoires des modifications que M. J.-B. MARTIN réalisa toutes avec le plus grand bonheur.

Il fallait des soies d'une nature spéciale, d'une grande régularité et moins chères que celles des Cévennes ; M. J.-B. MARTIN construisit son magnifique moulinage, et, entre autres perfectionnements, inventa la *Balance automatique,* qui opère toute seule le triage ou *titrage* des soies. On n'a qu'à poser les flottes sur l'appareil, et celles-ci, d'elles-mêmes, se dirigent et se séparent, selon la grosseur de leur fil, en autant de cases que l'on veut de titres différents.

Ce moulinage et tous les perfectionnements qui y furent apportés permirent d'employer à la peluche et au velours des soies jusque-là rejetées de ces articles, ce qui en réduisit singulièrement le prix de revient. (*Pièce F, Etude par M. L. Reybaud.*)

Il fallait aussi des cotons d'une grande régularité. Là encore, bien que ces cotons, provenant de chez MM. Feray d'Essonnes, fussent aussi parfaits que possible, M. J.-B. Martin apporta un perfectionnement par sa *Trieuse à cannettes* qui, *automatiquement* encore, trie et sépare chaque numéro de coton filé en quatre *sous-numéros*.

« Grâce à ces ingénieuses inventions, comme le dit « M. Alcan, un aveugle peut trier par jour 20,000 cannettes » et 2,000 flottes de soie.

L'étoffe tissée contient des impuretés, des bouts de coton, etc. Le nettoyage était long, pénible, dangereux pour les yeux; il fallait enlever un à un, avec des petites pinces, chaque inégalité de fil, chaque bout de coton, chaque impureté.

« Il paraissait difficile, dit encore M. Alcan, de suppléer « mécaniquement à la dextérité des doigts et à la vigilance « d'une vue exercée; ce but est néanmoins atteint de la manière « la plus heureuse. »

Tout est remplacé par un *baguettage*, un *brossage* et un *épluchage*, inventés par M. J.-B. Martin et marchant mécaniquement. (*Pièces D, E, rapport de M. Alcan et de la Société d'encouragement.*)

Le second élément de succès a été la *teinture*.

La teinture pour peluche n'est pas ordinaire ; elle exige des conditions spéciales de brillant et de *solidité*.

Cela, non pas seulement à cause du chapeau exposé aux intempéries de l'air ; mais surtout à cause des rudes épreuves de brossage, de repassage, de mouillage, de tour, auxquelles l'étoffe est soumise dans ses dernières préparations et dans la confection du chapeau.

Ce brillant et cette solidité sont une des causes qui ont assuré à la Maison MARTIN sa prééminence si rapidement conquise.

Le mode de teinture pour peluche n'est pas dans le commerce ; chaque fabricant de peluche a son atelier spécial et ses secrets de teinture. L'opération exige douze journées ; elle demande une grande abondance et une extrême pureté d'eau ; c'est ce qui a décidé M. J.-B. MARTIN, malgré les succès de ses teintures à Lyon et à Tarare, à construire sa grande *Teinturerie de Roanne*, qui a coûté plus d'un demi-million.

Cette teinturerie n'opère pas seulement pour la Maison ; elle travaille aussi pour le commerce. On n'y fait point les teintures en soies *chargées*, mais seulement les belles teintures en *noir fin* ou *poids pour poids*, que M. Persoz, rapporteur à l'Exposition de 1867, se félicite de voir encore conservées « dans plusieurs grandes maisons de *Roanne* et de Saint-Etienne » et qui « permettent de fabriquer, comme « autrefois, les étoffes de qualité tout à fait supérieure. » (*Pièce K.*)

2

Ainsi se trouve au grand complet l'Etablissement de M. J.-B. Martin.

La soie arrive à l'état *grège ;* le coton est reçu de la filature ; à partir de là, organsinage de la soie, teinture de la soie et du coton, tissage et apprêt de l'étoffe, tout se fait dans la Maison ; et M. Louis Reybaud, de l'Institut de France, a écrit avec raison :

« Cette manufacture de peluches, qui existe à Tarare depuis « plus de vingt ans, est une des conquêtes les plus heureuses « de la grande industrie. »

Depuis cet écrit, l'Etablissement s'est encore bien développé : *Roanne, Pont-à-Mousson, Meyzieu* ont été organisés ; les velours mécanique et au fer, noirs et de couleur, sont venus, dans de larges proportions, s'ajouter aux produits de la Maison.

TEINTURERIE A ROANNE (LOIRE).

ORGANISATION.

Nous venons de résumer l'Etablissement au point de vue industriel ; nous allons l'examiner au point de vue moral ou social, et reconnaître le sentiment qui a présidé à toute son organisation, sentiment éminemment soucieux de l'amélioration intellectuelle, morale et matérielle de l'ouvrier.

La Maison se divise en deux parties bien distinctes : dans l'une sont les ouvriers *libres*, les tisseurs, dévideurs, repasseurs, mécaniciens, etc.; dans l'autre, le moulinage, travaillent les *ouvrières en soie*, qui sont *internes*.

Pour les premiers, logeant en ville, voici ce qui a été fait : Règlement ferme et bienveillant, sévère contre les absences du lundi ; — Travail aux pièces ; — Paie hebdomadaire le mercredi, afin d'éviter le lundi ; — Fourneau-réfectoire dans l'usine, pour éviter aux ouvrières l'aller et le retour du déjeuner ; — Caisse de secours, alimentée par le produit des amendes et les versements de la Maison ; — Caisse de dépôts, à 5 p. 100, ouverte dans la Maison aux plus petites économies des ouvriers ; — Fondation d'un capital de 200,000 fr., pour secours

exceptionnels, bibliothèques, prêts à crédit, sociétés coopéra-
tives, etc.; — Première Salle d'asile, dirigée par des Sœurs,
construite et entretenue depuis vingt-cinq ans par la Maison,
et recevant 200 enfants, non pas seulement des ouvriers,
mais de toute la ville ; — Seconde Salle d'asile, n'attendant
que le choix de l'emplacement par la commune ; — Boulangerie coopérative, fournissant à toute la ville le pain meilleur
marché, provoquée par la Maison, qui a souscrit un certain
nombre d'actions, *gratuitement distribuées aux plus anciens
ouvriers ;* — Souscription de 100,000 fr. à un projet d'ar-
rivée d'eaux dans la ville et de construction de lavoirs pour les
ouvriers.

Voici maintenant pour les ouvrières en soie, *internes, du
moulinage.*
Ici tout est monumental et grandiose. « Ce qui frappe dans
« l'établissement de Tarare, dit M. Louis Reybaud, c'est
« l'ordre et la grandeur qui y règnent.
« Entre la manufacture de peluche et le moulinage des
« soies, il n'existe ni mélange, ni rapprochement; les bâti-
« ments sont distincts, sans communication possible, et à une
« assez grande distance les uns des autres. »
C'est qu'il s'agit ici de 500 jeunes filles, pauvres, venant de
tous pays et confiées par les familles à un Etablissement qui
prend, pour ainsi dire, la responsabilité paternelle. Elles y sont
logées, nourries et vêtues.
La première condition est d'assurer la moralité, ensuite l'apti-

tude ; aussi les admissions s'en ressentent-elles, et ne sont-elles définitives qu'après un mois d'épreuve.

Il y a deux sortes de jeunes filles : les *apprenties* et les *ouvrières*. Les premières sont reçues de 13 à 16 ans, et, après le mois d'épreuve, sont engagées pour *trois ans*. Les ouvrières, sachant déjà travailler la soie, sont *au mois* et peuvent toujours donner leur congé.

Souvent au bout de leurs trois ans, et après un petit retour dans la famille, les apprenties reviennent comme ouvrières.

Toutes sont soumises au même travail et au même régime.

Les contrats d'engagement, les règlements, les salaires, etc., tout est précisé, prévu d'avance, imprimé.

La surveillance du travail est faite par des employés laïques ; la surveillance morale, même dans les ateliers, celle des salles d'étude, de couture et de récréation, des cuisines, des réfectoires, des dortoirs, de l'infirmerie, de la chapelle et de tous les détails est confiée à vingt-deux Sœurs d'un ordre religieux, qui ne quittent pas d'un instant les jeunes filles.

Une immense chapelle, presque une église paroissiale, est desservie par un aumônier attaché à la Maison et y logeant.

L'infirmerie, pourvue d'une pharmacie, est tous les jours visitée par le médecin de l'établissement, et plusieurs fois par jour quand la maladie l'exige.

Les ateliers sont vastes, aérés et magnifiquement éclairés par de nombreuses et larges fenêtres. Les dortoirs sont immenses ; ils sont, ainsi que la chapelle et toutes les salles d'étude et de récréation, chauffés par des tuyaux de vapeur et d'eau chaude.

Partout circulent largement l'air, le gaz d'éclairage, la chaleur en hiver ; partout des réservoirs d'eau pour les lavages, les buanderies, l'hygiène et les cas d'incendie. Partout la plus exquise propreté.

La cuisine est faite dans les meilleures conditions ; les aliments s'y préparent à un bain-marie de vapeur, dans de grandes bassines en cuivre étamé, à double fond, où arrive la vapeur fournie par une chaudière spéciale, semblable à celle des machines et chauffée par un chauffeur permanent.

Un vaste jardin potager, largement arrosé d'eau, est à la porte de la cuisine. Une boulangerie, à pétrin mécanique et à sole tournante pour la cuisson du pain et de plats spéciaux, complète les moyens d'alimentation.

Des jardins et des salles d'ombrages pour l'été, d'immenses salles couvertes et chauffées pour l'hiver, permettent en tous temps la récréation.

Dans l'été, de vastes piscines, abondamment pourvues d'eaux, froide et chaude, permettent de fréquents bains.

Chaque dimanche, le temps se partage entre la *Chapelle*, l'*Ecole*, où les Sœurs enseignent la lecture, l'écriture et le calcul, et les *Promenades* dans des clos réservés ou au dehors.

Les apprenties reçoivent, outre l'entretien, leurs frais de voyage et un salaire de 70, 90 et 110 fr., selon leur mérite ; plus, des gratifications proportionnées à l'ouvrage rendu.

Les ouvrières peuvent gagner de 18 à 30 fr. par mois.

Des *Oriflammes* de différentes couleurs sont posées et restent pendant tout un mois aux places des plus méritantes. Ces drapeaux d'honneur excitent l'émulation et donnent lieu à des gratifications supplémentaires.

Presque tout le salaire est bénéfice pour ces enfants ; beaucoup envoient leurs gains à leurs parents ; d'autres font des économies. Pour celles-ci, une *Caisse d'Epargnes* à 5 %, spéciale au moulinage, est ouverte dans la Maison et reçoit chaque jour les plus petits dépôts. Un livret, ou compte de dépôts et intérêts, est remis à chaque déposante. Le montant total des dépôts peut varier de 50,000 à 80,000 fr. Au 31 décembre dernier, toujours le plus faible mois à cause des envois de fin d'année aux familles, ce montant s'élevait à 49,000 fr. pour 145 déposantes, soit en moyenne 340 fr. par tête. Beaucoup de dépôts s'élèvent de 600 à 1,500 fr., quelques-uns de 1,500 à 2,000 fr. Cela prouve le long temps que certaines ouvrières restent dans la Maison.

Pour maintenir la discipline dans une telle réunion d'enfants jeunes et sevrées de famille, la contrainte serait impuissante ; aussi n'y a-t-il que des conseils ou de doux reproches, jamais de punition. Quelques rares amendes de 5 à 10 centimes répriment les fautes graves au travail ; le renvoi est la seule et suprême sanction contre la mauvaise conduite. Il faut pourtant quelques ressorts ; ce sont les sentiments religieux et affectueux, et rien n'est négligé pour les développer. Il faut remplacer à ces enfants la famille absente, et pour elles les Sœurs sont de véritables mères et amies.

3

De temps à autre, des exercices religieux ou des divertissements viennent rompre les habitudes. Tantôt c'est une mission religieuse pour ranimer la ferveur; tantôt une fête improvisée, des chants, une longue promenade avec repas au dehors, une soirée de physique amusante ou de pantomime, une illumination, un feu d'artifice servent à raviver la joie et l'entrain. Tout est dirigé au point de vue non-seulement de la moralité, mais encore de la santé, de la gaîté et de la plus grande utilité pour ces jeunes filles, dans le présent comme pour leur avenir.

Aussi, en rentrant dans leur village, sont-elles toutes différentes de ce qu'elles étaient au départ; elles y servent de modèles. Bien élevées, habituées au travail, à l'ordre et à l'économie, elles sont fort recherchées en mariage et font d'excellentes mères de famille. Leur séjour dans l'établissement est, comme le dit M. Louis Reybaud, « un brevet d'aptitude et « de vertu, et une garantie, rarement trompée, de bonheur « domestique. »

Un irrécusable et touchant témoignage est celui des premières jeunes filles admises dans la Maison. Déjà mères de grandes filles, elles sollicitent et retiennent à l'avance les places pour leurs enfants. Elles savent ce qu'elles y ont été, elles veulent le même sort à leurs filles.

Les Manufactures du Vert-Galant et du Serroux; les magnifiques construction et organisation du Moulinage; la Teinture de Roanne; le montage de son Tissage à Metz : telle est l'œuvre de M. J.-B. MARTIN.

Ces établissements sont restés des modèles et appellent journellement l'attention des industriels, des économistes, des publicistes, des Sociétés savantes et industrielles, des gouvernements et de tous ceux qui s'occupent de la question ouvrière. De nombreux visiteurs et des délégués viennent étudier sur place cette admirable installation, et surtout, au point de vue social, celle du Moulinage, resté sans rival.

M. J.-B. MARTIN ne s'en est pas tenu à son industrie, et, comme on l'a dit, dans les affaires publiques comme dans ses affaires privées, partout il a apporté la même ardeur au bien. Soit comme Membre de la Chambre consultative, soit comme Conseiller municipal et Maire de la ville de Tarare, il a été, pendant vingt ans, « le promoteur et le défenseur de tous les « projets dont la réalisation pouvait être un progrès. »

DÉVELOPPEMENTS DEPUIS 1867.

L'homme de génie et de bien qui a fait tant de choses n'est plus. Il est mort en 1867, au moment où il venait d'envoyer ses derniers produits à l'Exposition, et où il allait recevoir de nouvelles récompenses, peut-être la croix d'officier de la Légion d'honneur.

Les médailles n'ont pas manqué; la croix d'honneur a été donnée au Gérant qui dirigeait la maison de vente à Paris, et qui, depuis, a cessé ses fonctions.

Depuis 1867, malgré la perte immense de son chef, la Maison J.-B. MARTIN a-t-elle faibli ? Heureusement non.

En vain ont pesé d'énormes remboursements ; en vain sont venues l'invasion et les grèves, tous les périls ont été surmontés ; et, dans son esprit général comme dans ses développements et ses résultats, la Maison n'a fait que suivre la voie de son fondateur et ajouter aux anciennes prospérités.

En 1867, la Maison ne produisait que *deux* articles :

> Peluche noire,
> Velours mécanique noir.

Depuis, elle a abordé et elle présente aujourd'hui en pleine activité *cinq* articles :

> Peluche noire,
> Peluche de couleur,
> Velours mécanique noir,
> Velours mécanique de couleur,
> Velours au fer.

Depuis 1867, la Maison a :

Terminé le Moulinage et sa nouvelle et vaste *Chapelle ;*
Créé, en 1872, la belle Manufacture de *Pont-à-Mousson,* dans la Moselle ;
Organisé sa Fabrication de *Velours au fer,* à Meyzieu, dans l'Isère.
Et c'est à Mme Vve J.-B. MARTIN, propriétaire actuelle, et continuatrice des sentiments de son mari, et en son souvenir, qu'est due l'offre à la ville de Tarare d'une *nouvelle Salle d'asile.*

Fort à l'aise pour parler de M. J.-B. MARTIN, j'y suis beaucoup moins pour dire que, depuis et malgré sa mort, sa Maison est restée à la hauteur où il l'avait placée.

Il faut bien pourtant le reconnaître : malgré les embarras du moment, malgré les énormes remboursements, malgré la guerre, malgré les grèves, malgré les circonstances politiques, la Maison n'a pas un seul instant discontinué de travailler, de se développer, de suivre les exigences du commerce, de créer de nouveaux établissements, de produire de nouveaux articles.

En un mot, après dix-huit ans on peut répéter, avec le Rapporteur de 1855 : « La Maison MARTIN n'a cessé de « s'accroître, de se perfectionner, de marcher dans la voie « du progrès. »

Tarare, le 19 avril 1873.

pp⁰ⁿ J.-B. MARTIN,

A. DUBU,

Directeur-Gérant,

Ancien Élève de l'École Polytechnique.

MANUFACTURE DE PONT-A-MOUSSON (Meurthe-et-Moselle)

(Tissage)

PIÈCES JUSTIFICATIVES

A.

Exposition de 1849. — M. ARLES-DUFOUR, rapporteur.

(Médaille d'or.)

PELUCHE.

« Cette Maison (Martin) a largement tenu toutes les espérances qu'elle donna dès son début, en 1844, et qui lui valurent la médaille de bronze.

« Dans cinq années, elle a pris un accroissement si considérable, qu'elle est maintenant *la plus importante fabrique de peluches non-seulement de France, mais* DU CONTINENT.

« Pour arriver à cette haute position, cette Maison n'a reculé devant aucun sacrifice ; elle a bâti ses ateliers, construit, monté et concentré dans le même établissement trois cents métiers mécaniques mus par la vapeur ; elle a établi des mécaniques ingénieuses pour baguetter, purger et repasser les peluches, et un atelier de teinture.....

« Enfin, MM. Martin, comprenant les devoirs qu'impose l'humanité, ont fondé pour leurs ouvriers une Caisse de secours, dont ils font la moitié des versements.

« Indépendamment de leur grand Etablissement de Tarare, ils ont beaucoup de métiers dans la *Moselle.*

« L'ensemble de leur fabrication, qui en 1844 n'allait pas à 500,000 fr., s'élève aujourd'hui à près de 4 millions, dont plus des trois quarts se vendent en Amérique, en Angleterre et même en Allemagne. La crise de 1848 n'a pas arrêté les progrès de cette Maison, *qui grandit chaque jour.*

« Ses nombreux employés et ouvriers sont généralement très-bien payés.

« Toutes ces raisons décident le jury à donner à MM. Martin la MÉDAILLE D'OR. »

4

VELOURS.

A la précédente Exposition, des fabriques de la Moselle avaient exposé des velours façon Crefeld.

« Le Jury avait espéré que les industriels qui, en si peu d'années, avaient enlevé à la Prusse rhénane le monopole de la fabrication des peluches, pourraient bientôt lui disputer celui des velours légers.

« L'Exposition actuelle et les renseignements que nous avons pris prouveraient que la fabrication du velours Crefeld ne s'est pas développée comme le Jury l'avait espéré.

« Si elles (ces fabriques) mettent à cette conquête pacifique l'intelligence et la persévérance qu'elles ont mises à celle de la peluche, nous leur promettons le même succès. »

Cette conquête a été faite par Tarare. *(Voir le rapport du Jury de Londres 1862.)*

B.

Exposition de 1851. — Londres.

(Prize-Medal.)

« For an excellent assortment of black silk plush, from the highest to the lowest qualities, principally made by power. The produce annually in this article to the value of about 180,000 l. »

« Pour un excellent assortiment de peluches en soie noires, de la plus haute à la plus basse qualité, principalement faites mécaniquement. Production annuelle en cet article d'une valeur d'environ 180,000 livres. » (4 millions et demi de francs.)

C.

Exposition de 1855. — M. Ch. TAVERNIER, rapporteur.

Grande Médaille d'honneur.
Croix de la Légion d'honneur.

———

« La Maison Martin et Casimir n'a cessé, depuis plus de dix ans, de s'accroître et de perfectionner ses produits en peluche pour chapeaux, *tout à fait hors ligne aujourd'hui*. Elle a le plus contribué a augmenter la consommation des peluches, qui ont généralement remplacé le feutre.

« MM. Martin et Casimir n'ont pas cessé de marcher dans la voie du progrès. Leurs établissements sont fort considérables. Ils renferment deux machines à vapeur, une machine à dévider, une machine à éplucher et un matériel des plus parfaits.

« Ils emploient 2,000 ouvriers et font pour 6 à 7 millions d'affaires. »

D.

Société d'encouragement, 1855. — M. Michel ALCAN, rapporteur,
chargé d'étudier à Tarare.

« Vers 1835, malgré des essais réitérés, nous étions encore tributaires de l'Allemagne ; Berlin et la Prusse rhénane alimentaient les marchés étrangers. Mais, depuis vingt années, les fabricants français ont su produire et perfectionner la peluche;.... notre rivale est même obligée aujourd'hui de rechercher, pour la chapellerie, nos peluches supérieures, dont la perfection est sans égale.

« Tarare possède la manufacture de peluches la plus considérable de France et peut-être de l'Europe ; et c'est à M. Martin, propriétaire de cet établissement modèle, que sont dus plusieurs perfectionnements remarquables que votre Comité des arts mécaniques *m'a chargé d'étudier aux endroits mêmes où ils sont appliqués.*

« Nous n'appellerons votre attention que sur les machines les plus importantes.

« Le *métier à tisser simultanément deux pièces à la fois* a rendu et rend encore de grands services, en ce qu'il diminue le prix de revient du tissage, et augmente dans une large proportion le salaire de l'ouvrier, attendu que ce dernier, sur un métier ordinaire, ne tisse qu'un mètre par jour, et qu'il en produit six aussi bien réussis sur le métier à deux pièces et à couteau mécanique. Les difficultés étaient nombreuses et difficiles à vaincre dans la création de ce métier, car le velours et la peluche sont, de toutes les étoffes unies, les plus délicates à tisser.....

« *Trieuse à cannettes.*— Grâce à cette ingénieuse invention, un aveugle peut trier 20,000 cannettes par jour.

« *Machine à éplucher.* — L'épluchage est une des opérations les plus longues, les plus minutieuses. Elle consiste à enlever un à un, avec de petites pinces, les fils qui dépassent la surface de l'étoffe ou les impuretés. Il paraissait difficile de suppléer mécaniquement à la dextérité des doigts et à la vigilance d'une vue exercée ; ce but est néanmoins atteint de la manière la plus heureuse.....

« Toutes les autres opérations, battage, baguettage et les divers apprêts pour terminer la fabrication, sont exécutés mécaniquement par des machines aussi ingénieuses, presque toutes créées par M. Martin et exécutées sous sa direction.

« Les peluches de Tarare ne sont pas moins renommées par la beauté de leurs nuances que pour la perfection de leur tissu.

« Ces divers éléments de succès ont donné à l'Etablissement une immense extension. Il s'y consomme annuellement pour six millions de soie et pour 400,000 fr. de coton filé, le tout mis en œuvre par 500 métiers à tisser.

« Suffire à la direction intelligente et fructueuse pour tous, d'une exploitation aussi vaste, et trouver encore assez de temps pour des inventions dont l'influence sur le progrès industriel est évidente, sont des conditions réunies de loin en loin, que votre Comité des arts mécaniques est heureux de vous signaler..... en vous proposant, Messieurs, d'adresser vos remerciements à M. Martin..... et de vouloir bien ordonner l'insertion du présent rapport dans votre *Bulletin*, en y ajoutant les dessins des inventions qui y sont décrites. »

(Approuvé en séance, le 4 avril 1855.)

E.

Société d'encouragement. — Séance solennelle du 20 février 1856.

(Médaille d'or.)

MM. DUMAS, sénateur, membre de l'Académie des sciences,			*Président.*
le baron SÉGUIER,	—	—	—	*Vice-Président.*
le baron Ch. DUPIN,	—	—	—	*Secrétaire général.*
le général PONCELET,	—	—	—	*Censeur.*
COMBES,	—	—	—	*Secrétaire.*
PELIGOT,	—	—	—	—

« La Maison J.-B. et P. Martin s'est placée à la tête de cette industrie (peluche) ; elle emploie plus de 2,000 ouvriers, transforme annuellement 50,000 kilogrammes de soie, 65,000 kilogrammes de coton et produit pour plus de six millions de peluches.

« M. J.-B. Martin est l'auteur d'inventions du premier ordre.....

« *Métier à tisser deux pièces de peluches.* — Le prix du tissage s'est abaissé de 2 fr. 50 à 0 fr. 70 le mètre ; en même temps le prix du travail de la journée s'est élevé de 2 fr. 50 à 4 fr. 20.... Un ouvrier, par le nouveau système, peut tisser six mètres par jour, tandis que le métier ordinaire limite son travail à un mètre.

« *Trieuse mécanique,* qui permet à un aveugle de vérifier en un jour la régularité et l'uniformité de titres de 30,000 cannettes.....

« *Machine à éplucher,* qui délivre les ouvrières du travail pénible et dangereux pour les yeux, qui consistait à enlever une à une, au moyen de pinces, les inégalités, les impuretés.....

« Les *services hors ligne* rendus à l'industrie par M. J.-B. Martin le rendent bien digne de la première des récompenses de la Société, qui lui décerne, en conséquence, sa MÉDAILLE D'OR. »

F.

Etude sur place, 1858. — M. Louis REYBAUD, membre de l'Institut.

(Etudes sur le régime des manufactures; — Conditions des ouvriers en soie. — Paris, 1859.)

« Ce qui frappe dans l'Etablissement de Tarare, c'est l'ordre et la grandeur qui y règnent; dans ses proportions actuelles il peut suffire à 400 apprenties; achevé, il en contiendra le double. Les appareils marchent par la vapeur, et nulle part, même en Angleterre, on n'est arrivé à une plus grande précision et à une plus parfaite entente des détails.

« Doué d'un esprit inventif, le fondateur, M. J.-B. Martin, ne s'est pas seulement approprié les meilleurs procédés, il les a complétés par des combinaisons aussi originales qu'ingénieuses.

« L'objet en vue, à Tarare comme à Jujurieux, était de soumettre les soies à une préparation plus régulière, mieux étudiée, moins exposée à ces mécomptes, à ces surcharges de corps étrangers, qui semblent être l'inconvénient inséparable des moulins où le travail se fait à façon, et constituent la partie la moins légitime de leurs bénéfices. Il s'agissait également d'amener, par un traitement méthodique, les soies de l'Asie, désormais adoptées, à leur dernier degré de perfection et de les rapprocher autant que possible des organsins des Cévennes, dont les prix sont si élevés et les quantités si insuffisantes. Pour M. Martin, comme pour M. Bonnet, le moulinage n'était donc qu'une annexe, pour l'un de sa fabrique de taffetas, pour l'autre de sa manufacture de peluches.

« Cette manufacture de peluches, qui existe à Tarare depuis vingt ans, est une des conquêtes les plus heureuses de la grande industrie.

« Naguère, la peluche de soie, employée pour chapeaux d'hommes, appartenait exclusivement à l'atelier domestique; et la Prusse rhénane était le siége principal de cette fabrication. Le département de la Moselle, à raison d'affinités de voisinage, a le premier essayé, avec ses métiers de campagne, d'engager la lutte contre l'industrie allemande, et, à force d'activité et de soins, l'a tenue en échec sur les marchés extérieurs. La manufacture de Tarare a fait plus encore ; elle a presque désarmé les métiers étrangers, et son exemple est de nature à encourager ceux qui voient une cause de ruine au bout de chaque nouveauté.

« Aujourd'hui, elle tient le premier rang en Amérique comme en Angleterre, et entre pour moitié (six millions environ) dans le total de l'exportation française.

« La main d'œuvre y est convenablement rétribuée ; elle se paie à façon et équivaut, pour un travail plein, à 3, 4 et même 5 fr. par journée de bon ouvrier ; à 2 fr. 25 et 2 fr. 50 pour l'ouvrier ordinaire ; à 1 fr. 50 et 2 fr. pour les femmes et les apprenties ; c'est-à-dire de 1,500 à 1,600 fr. par an, de 850 à 900 fr. et de 450 à 600 fr., suivant les catégories. Ces salaires sont d'autant plus avantageux que le prix des loyers et des subsistances est beaucoup moins élevé à Tarare qu'à Lyon.

« Des règlements existent avec des heures assignées, un ordre établi, une hiérarchie précise, des consignes qui ont une amende pour première sanction, et qui, en cas de récidives, peuvent aboutir à un renvoi. Bon gré, mal gré, ce frein agit sur les ouvriers ; chez ceux mêmes dont les mauvaises dispositions persistent, les apparences sont sauvées ; le trouble ne franchit pas les portes de l'atelier ; et cette tâche obligatoire, qui s'accomplit silencieusement, devient une sorte de trêve où s'émoussent et s'apaisent les passions du dehors.

« Entre la manufacture de peluches et le moulinage des soies, il n'existe ni mélange, ni rapprochement ; les bâtiments sont distincts, sans communication possible, et à une assez grande distance les uns des autres. »

G

Exposition de 1862. — Londres.

(Grande Médaille.)

« For the large manufacture of black plush, also of black velvets, woven in power looms. »

« Pour grande manufacture de peluches noires et de *velours noirs*, tissés sur métiers mécaniques. »

H.

Etude sur place, 1865. — Docteur Giovanni SCAVIA, de Turin, délégué par M. le Ministre de l'instruction publique d'Italie.

(Notice imprimée à Turin, 1866.)

« Une des principales et plus nombreuses (pensions d'ouvrières) est celle de Tarare, dans laquelle se fabriquent peluche et velours. Tarare est une ville du département du Rhône, de 16,000 habitants, à environ 40 kilomètres de Lyon. Parmi les fabriques qui y abondent, la plus remarquable est celle de peluche et de velours, fondée par M. Martin, aujourd'hui maire de la ville.

« Cette fabrique comprend deux grands édifices complètement séparés : un pour le tissage, où ne travaillent que des hommes ; l'autre, dit *atelier de moulinage*, où se font les travaux préparatoires pour le tissage. Ces travaux sont confiés à des jeunes filles qui trouvent logement, nourriture, assistance et éducation dans cet établissement.

« Toute cette famille est confiée aux soins diligents et maternels de vingt Sœurs de Saint-Joseph, sous la haute direction d'une supérieure.....

« On n'y reçoit pas les jeunes filles du pays, ni celles au-dessous de treize ans. Un mois d'épreuve précède l'admission. Reconnues de bonne conduite et aptes au travail, elles sont acceptées et s'obligent à rester trois ans.....

« Comme encouragement au travail et récompense de bonne conduite, elles reçoivent des gratifications en argent, que l'administration garde et fait fructifier.

« Le travail n'est pas moindre de douze heures par jour, et constamment sous la surveillance des Sœurs, qui jamais ne laissent les ouvrières seules, ni le jour ni la nuit. Les dimanches et jours de fête sont consacrés aux exercices religieux et à l'étude. Le soir, on enseigne, à celles qui ne savent pas, la lecture, l'écriture et le calcul ; et à toutes on apprend à coudre et à raccommoder leurs vêtements. Dans les après-midi des jours fériés, quand le temps le permet, on fait de longues promenades dans la campagne. Chaque jour, plusieurs fois, on descend au jardin de l'Etablissement respirer le grand air, jouer et se promener à volonté. Le règlement a tout prévu ; les plus âgées comme les plus jeunes y sont soumises, et toutes professent le plus grand respect et soumission pour les Sœurs.

« Après les trois ans, quelques-unes restent dans l'Etablissement comme ouvrières et reçoivent un salaire convenable. La plupart s'en vont emportant un petit trousseau et un petit pécule s'élevant parfois à 300 fr. En revenant dans les départements du Midi, elles trouvent à s'occuper avec grand avantage dans leur pays, en s'employant au même travail que dans la fabrique. D'autres prennent divers métiers ; mais, habituées à l'ordre et au travail, elles réussissent facilement à tout emploi, et, par leurs habitudes de modestie et d'économie, elles sont généralement estimées, et deviennent, en général, de bonnes mères de famille. »

K.

Exposition de 1867. — Rapporteur, M. PAYEN (Tissus de soie, cl. 31).
—   —   —   M. PERSOZ fils (Teinture, cl. 45).

Médaille d'argent (tissus).
Médaille d'argent (teinture).
Croix de la Légion d'honneur.

En 1867, il n'y a point eu de notice spéciale sur chaque exposant récompensé ; il n'y a eu que des rapports généraux sur chaque industrie ou classe.

Le rapport général de M. Persoz renferme des observations qui intéressent la teinture J.-B. Martin, la seule à Roanne pour *soie* et *noir fin ;* les voici :

« Quant à la teinture des soies en noir, qui est devenue en quelque sorte une industrie à part, et qui fait la spécialité de plusieurs grandes Maisons de Lyon, de *Roanne* et de Saint-Etienne, elle nous suggère quelques observations.

« On sait que depuis longtemps l'usage s'est introduit de *charger* une bonne partie des soies noires, c'est-à-dire de leur faire gagner du poids par l'emploi exagéré des matières astringentes, comme le cachou, et de sels métalliques (bain de rouille, sel d'étain, etc.)

« Il est facile de démontrer que les soies ainsi *surchargées* n'ont plus la solidité désirable... Nous avons vu des écheveaux de pareille soie noire tomber tout à fait littéralement en poussière.

« Dans ces circonstances, nous devons encore nous féliciter que la teinture des *noirs fins* et des *noirs poids pour poids* ne soit pas complètement abandonnée, et permette de fabriquer, comme autrefois, des étoffes de qualité supérieure. »

L.

Société de protection des apprentis et des enfants employés dans les manufactures.

Séance solennelle du 27 octobre 1867. — Présence de S. M. l'Impératrice.
Président, M. DUMAS, sénateur, membre de l'Académie des sciences.

M. MIGNERET, rapporteur de la Commission chargée de rechercher les industriels remarquables par les soins qu'ils donnent à leurs apprentis et jeunes ouvriers.

J.-B. et P. MARTIN, Lyon et Tarare. — Fabrique de peluche et moulinage.

« Ouvrières, 500 à 600. »

« Apprenties logées, nourries. — Récompensées de leur travail par des « distributions et des gratifications. — Instruction religieuse. — Ecole le « dimanche. — Salle d'asile. »

« MÉDAILLE D'HONNEUR. — PORTRAIT DE S. M. L'IMPÉRATRICE. »

M.

*Discours prononcés sur la tombe de M. J.-B. Martin,
à Tarare, le 9 avril 1867.*

(EXTRAITS)

M. RUFFIER, président de la Chambre consultative :

« Pour se faire une idée exacte de l'homme que nous venons de perdre, il faut regarder de près son industrie telle qu'il la laisse, portant dans ses moindres détails l'empreinte de son génie. Car il n'avait pas seulement l'intelligence de l'organisateur, l'intelligence qui met en œuvre, il avait vraiment le génie qui transforme, qui renouvelle et recrée tout ce qu'il touche.....

« Aussi ses établissements industriels étaient-ils arrivés à un degré de perfection, tel qu'ils servaient de modèles, et que plusieurs du même genre, créés dans le nord de la France, et même en Angleterre, sont une reproduction de celui qui est une des gloires et une des sources de richesse de notre pays.

« Il est certain que ces recherches, ces expériences, ces essais, sans cesse renouvelés, de procédés nouveaux ont contribué beaucoup à l'éducation industrielle de la population de Tarare. Il y avait là, sans qu'on s'en doutât, une *école professionnelle en permanence*, qui a élevé dans une grande proportion le niveau de certaines connaissances spéciales.

« Nous tous qui sommes ici nous avons vu grandir et prospérer M. Martin ; mais nous avons vu aussi sa prospérité intimement liée à celle de notre ville. Le développement de son industrie a eu pour conséquence le dernier accroissement de population qui a fait de Tarare une ville importante.

« Nous devons à M. Martin la première *salle d'asile* fondée pour les enfants ; elle a aujourd'hui près de vingt ans d'existence et abrite chaque année une centaine d'enfants.

« Sans compter cette œuvre, qui a toujours vécu entretenue par lui seul, il ne s'est rien fait à Tarare, depuis vingt ans, à quoi il n'ait pris une part active. Sa vie administrative n'a pas commencé le jour où il a accepté la lourde charge de maire de notre ville. Longtemps conseiller municipal, il a été le promoteur et le défenseur de tous les projets dont la réalisation pouvait être un progrès pour Tarare. Il apportait à toutes les affaires publiques la même ardeur qu'à ses affaires privées.....

« Monsieur Martin, au nom de la Chambre consultative dont vous étiez le *président*, au nom de la population industrielle de Tarare, qui conservera toujours votre souvenir, recevez nos tristes et derniers adieux..... »

————

M. Léon VERZIER, tisseur de peluche :

« Dans tous les événements heureux de sa vie, M. J.-B. Martin faisait partager sa joie à tout son entourage et à tous ses ouvriers.

« Que de malheureux n'a-t-il pas consolés !

« Dans les temps de chômage, il s'inquiétait de tout le monde, des pères de famille surtout, s'évertuait à donner de l'ouvrage quand même, à ses risques et périls, tant il était désireux du bien-être de ses ouvriers, et fier de maintenir ses fabriques en activité.....

« Comme maire, s'il eût vécu, il eût pour ainsi dire régénéré la ville de Tarare, tant il avait à cœur d'achever son œuvre et d'être utile à tous.....

« Adieu, cher patron, ou plutôt cher père ! reposez en paix dans le sein de Dieu ! Vos bienfaits seront toujours présents à notre mémoire ; nous ne vous oublierons jamais. »

————

N.

NOTICE NÉCROLOGIQUE.

Bulletin de la Société de protection des apprentis et des enfants, *livraisons 1 et 2*, 1868, *page 17.*

« M. Jean-Baptiste Martin, fabricant de peluches, né en 1801, mort le 7 avril 1867 à Tarare, dont il était le maire, et où sa mort a été un véritable deuil public.

« Toute la population s'est sentie frappée en perdant tout à coup cet homme de bien, de travail, de dévouement, que Tarare considérait à juste titre comme une de ses gloires.

« Né à Lyon, M. J.-B. Martin avait, dès la sortie des écoles, étudié et pratiqué la profession de tisseur. De bonne heure, il avait conçu l'idée d'un métier faisant à la fois deux pièces de velours ; mais de la conception de l'idée à son exécution en grand et à sa réussite industrielle, il lui avait fallu traverser, comme il arrive presque forcément aux inventeurs, les plus pénibles et les plus décourageantes difficultés. Sa persévérance avait triomphé de tout, et il était parvenu à créer de vastes établissements, organisés sur des modèles nouveaux, vrais types de perfection à tous les points de vue, et dont la mise en activité avait eu pour résultat de donner à la France le monopole de la peluche et le premier rang pour les velours légers. Les grandes médailles des Expositions et, en 1855, la croix de la Légion d'honneur avaient récompensé l'éminent industriel qui avait enrichi son pays de fabrications aussi importantes. — En 1865, M. Martin avait cédé à des sollicitations répétées en acceptant les fonctions de maire. Il était désigné depuis longtemps à ces fonctions par tout son passé, car depuis vingt ans il avait été le promoteur et le défenseur de toutes les améliorations qui s'étaient faites dans la ville qu'il avait adoptée. C'est lui qui avait fondé la première *Salle d'asile*, et avait toujours continué à l'entretenir seul. Très-désireux de pourvoir Tarare d'eaux

6

abondantes, il avait souscrit personnellement pour 100,000 fr. au projet qui devait réaliser ce progrès. « *S'il eût vécu, il eût pour ainsi dire régénéré notre ville,* » a dit sur sa tombe un de ses ouvriers, en rendant hommage, au nom de ses camarades, à l'excellent patron qui, dans les temps de chômage, donnait de l'ouvrage quand même, à ses risques et périls, et était fier de maintenir ses fabriques en activité.

« Le nombre des malheureux que cet homme rare a secourus et relevés est incroyable. Cette charité si vive, cette activité si intelligente expliquent les regrets universels que sa mort inattendue a suscités dans toutes les classes de la population de Tarare, et ces regrets sont ressentis bien au-delà de l'enceinte de la ville qui l'avait choisi pour son chef. »